lauren child

Ich will gar NIE nicht zum FRISEUR!

Mein FRISUREN-STICKER-Buch

D1730529

Fischer Schatzinsel

Der Text basiert auf dem Skript zur englischen Fernsehserie von Samantha Hill

Aus dem Englischen von Karen Thilo und Martin Frei-Borchers

Redaktion Hilla Stadtbäumer

Illustrationen aus der Original-Fernsehserie, produziert von Tiger Aspect

Fischer Schatzinsel
www.fischerschatzinsel.de

Veröffentlicht im Fischer Taschenbuch Verlag,
einem Unternehmen der S.Fischer Verlag GmbH,
Frankfurt am Main, 2007

Die englische Originalausgabe erschien 2006 unter dem Titel »My Haircut Sticker Book« bei Puffin Books, London
Text and illustrations copyright © Lauren Child/Tiger Aspect Productions Ltd. and Milk Monitor Ltd., 2005
Charlie and Lola copyright © Tiger Aspect Productions Ltd./Lauren Child
Charlie and Lola TM owned by Lauren Child
The Charlie and Lola logo is a trademark of Lauren Child and Tiger Aspect Productions Limited
The Charlie and Lola logo is registered in the UK
Alle Rechte vorbehalten
The moral right of the author/illustrator has been asserted
Für die deutschsprachige Ausgabe:
©2007 Fischer Taschenbuch Verlag in der S.Fischer Verlag GmbH, Frankfurt am Main
Printed in China
ISBN 978-3-596-85265-9

Nach den Regeln der neuen Rechtschreibung

Ich hab 'ne kleine Schwester: Lola.
Sie ist klein und ziemlich komisch.
Im Moment sind ihre Haare ein bisschen struppig.
Mama sagt, sie muss mal wieder zum Friseur.

Aber Lola sagt:
    »Gar nicht muss ich zum
Friseur, Charlie.
    Ich mag meine Haare genau so,
wie sie sind, und wenn sie kurz
        geschnitten werden, so wie deine,
    dann seh ich ja aus wie du!«

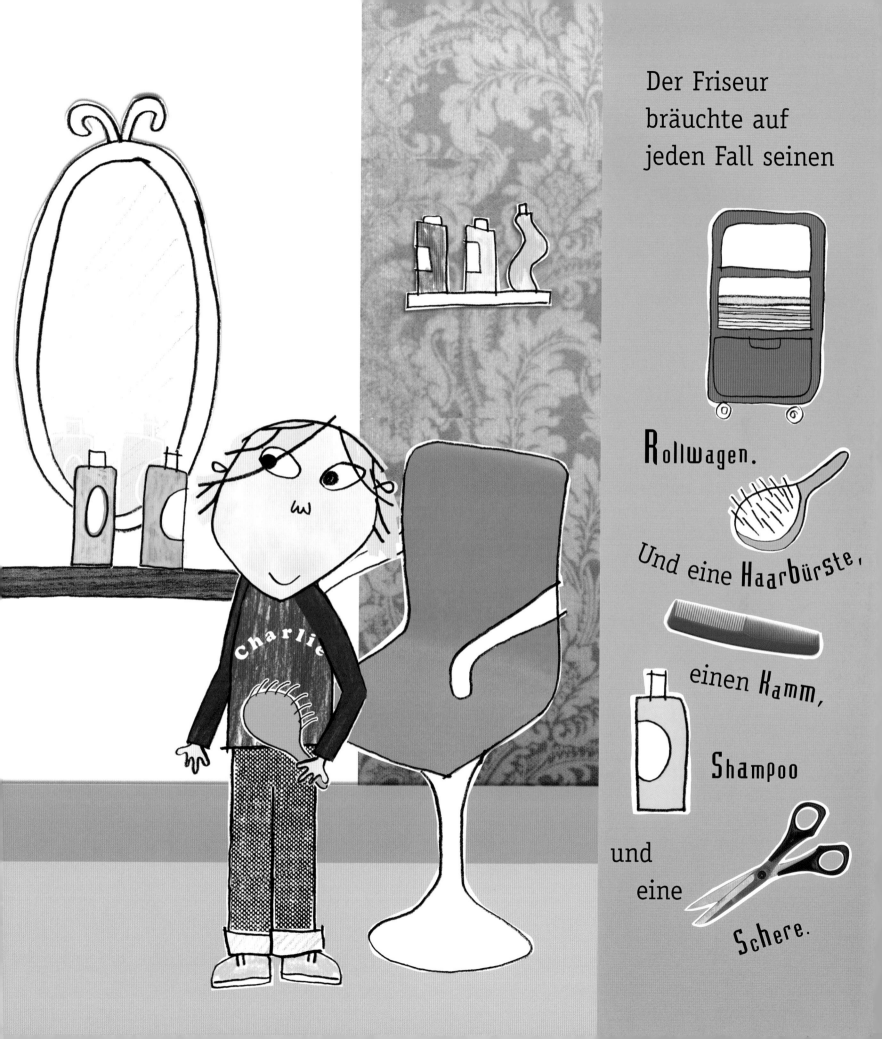

Der Friseur
bräuchte auf
jeden Fall seinen

Rollwagen.

Und eine Haarbürste,

einen Kamm,

Shampoo

und
eine

Schere.

Ich sage:
»Aber es gibt Millionen von Haarschnitten
für Mädchen, Lola.

Du könntest
lange Haare haben,

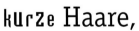

kurze Haare,

eine Hochsteckfrisur,

Ich frage mich,
wie Lola wohl
aussehen würde
mit

schwarzen Haaren,

abstehenden Zotteln,

ganz viel Gel drin,

oder

Locken,

oder ganz
glattes Haar.«

blonden Zöpfen.

Aber Lola sagt:
»Charlie! Ich mag meine
Haare aber ganz genau so,
wie sie sind!«

Lola sagt:

»Das sind aber **meine** Haare, und ich will sie wachsen lassen, bis ich **ganz sehr lange** Locken hab.«

Und ich sage:

»Aber **Lola**, wie willst du denn mit der Frisur **Ballett tanzen**? Da trittst du dir ja selbst auf die Haare!«

Mit diesen **Stickern** kannst du deine eigenen **Charlie und Lola**-Szenen basteln.

Und Lola sagt:

»Sei nicht **dumm**, Charlie.

Natürlich werde ich ganz extra besonders **vorsichtig** sein, wenn ich **Pirouetten** drehe. Es ist also apselut nicht nötig, dass ich zum Friseur gehe.«

Lola **liebt** es, sich für den Ballettunterricht anzuziehen.

Sie braucht ihr

rosa Tutu,

eine Menge rosaroter Blumen

und

Schleifen für ihr Haar.

Lola sagt:

»Außerdem übe ich gerade, eine richtige PrinzeSsin zu sein.

Dafür ist es apselut wichtig, dass ich besonders langes Haar habe.

Sonst hat der Prinz ja nichts, wo er dran hochklettern kann.

Und dann kann er mich nicht retten, weil ich sitze ja

in einem Turm, und der hat natürlich keine Tür.

Und dann muss ich für immer, immer in diesem Turm

rumhocken, weil du mich gezwungen hast,

zum Friseur zu gehen, Charlie.«

Lola braucht einen **langen** Zopf, damit der **Prinz** sie retten kann. Der Prinz sieht ziemlich gut aus

und trägt eine

glänzende Krone.

Und er hat ein sehr hübsches **Pferd**.

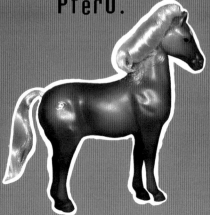

Ich sage:
»Aber Lola, kannst du überhaupt
noch was sehen, mit den
ganzen Haaren in deinem
Gesicht?«

Lola sagt: »Klar! Ich kann doch all diese
hübschen Spangen und Schleifen benutzen,
damit meine Augen frei bleiben.«

Und ich sage: »Aber es sieht total zottelig und verknotet aus. Es sieht aus, als hättest du ein Vogelnest auf dem Kopf. Stell dir mal vor, irgendwann fängt ein Vogel an, seine Eier auf deinem Kopf auszubrüten.«

Lola liebt bunte Haarspangen,

glitzernde Schleifen

und

Haargummis mit Blumen dran.

Aber einen Vogel will sie nicht auf dem Kopf!

Lola sagt: »Nein! Ich will kein Vogelnest auf dem Kopf! Vielleicht sollte ich meine Haare ein kleines, winziges bisschen abschneiden lassen?«

Als wir vom Friseur zurück sind, sage ich:
»Wie gefällt dir deine neue Frisur, Lola?«

Und Lola sagt:
»Das Kämmen geht jetzt babyeinfach, Charlie.
Ich kämme mich jetzt die ganze Zeit –
auch wenn mein Haar nicht mehr so lang ist.
Ich kann also problemlos weiter
Prinzessinsein üben.«

Um eine **echte** Prinzessin zu sein, braucht Lola ein

geheimnisvolles Schloss,

ihre rosa Haarbürste

und einen spitzen Hut.

Ich sage: »Es stimmt, Lola. Du siehst wirklich
aus wie eine Prinzessin.«
Und Lola sagt: »Ja, so sehe ich wahrhaftig aus.
Ich bin Prinzessin Knotenlos!«